Bibel im Blick

AF221150

Der Heilige Geist

Beistand, Helfer, Kraft und Tröster

Heinz Pahl

Bibliographische Information der Deutschen
Nationalbibliothek. Die Deutsche
Nationalbibliothek verzeichnet diese Publikation
in Der Deutschen Nationalbibliographie; de-
taillierte bibliographische Daten sind im Internet
über http://dnb.d-nb.de abrufbar.

Mai 2018

Foto: Heinz Pahl

Herstellung und Verlag:

BoD- Books on Demand, Norderstedt

ISBN 9-783752-858679

Gewidmet dem Volk Israel!

Tränen der Schuld, der Scham und der Trauer für die Juden des Volkes Israel. Über die Jahrhunderte hinweg immer wieder grausam gequält, geknechtet, verfolgt und getötet. Durch Menschen vieler Nationen. Durch deutsche Menschen.

Ihr Gott ist unser Gott. Und er kam in diese Welt als ein Jude. Wahrer Mensch und wahrer Gott. Oh Herr, vergib uns unsere Schuld!

„Und er sprach zu mir: Du Menschenkind, diese Gebeine sind das ganze Haus Israel. Siehe, jetzt sprechen sie: Unsere Gebeine sind verdorrt, und unsere Hoffnung ist verloren, und es ist aus mit uns.

Darum weissage und sprich zu ihnen: So spricht Gott der Herr: Siehe, ich will eure Gräber auftun und hole euch, mein Volk, aus euren Gräbern herauf und bringe euch ins Land Israel.

Und ihr sollt erfahren, dass ich der Herr bin, wenn ich eure Gräber öffne und euch mein Volk, aus euren Gräbern heraufhole.

Und ich will meinen Geist in euch geben, dass ihr wieder leben sollt, und will euch in euer Land setzen, und ihr sollt erfahren, dass ich der Herr bin. Ich rede es und tue es auch, spricht der Herr."

Hesekiel 37,11-14

Disposition

1. Einleitung

Wer und was ist der Heilige Geist?

Welche Bedeutung hat er für mich in meiner Absicht an Jesus Christus zu glauben und ihm nachzufolgen?

Ist der Heilige Geist eine Person oder nur eine Kraft Gottes?

Ist er heute überhaupt noch auf dieser Erde präsent?

Wenn ja, was kann er für mich tun oder was muss ich tun, um ihn zu erfahren?

Nur eine kleine Auswahl von Fragen. Vielleicht gibt es Antworten in den nachfolgenden Aufzeichnungen. Und wenn es Antworten gibt, dann kann es nur über den Blick in die Bibel gehen; denn das „Wort Gottes" hat das allein gültige Fundament, Fragen an Gott zu beantworten. Es kann spannend werden.

2. Wozu ist der Heilige Geist eigentlich auf dieser Erde?

Allein die Fragestellung mag irritieren. Sie setzt voraus, dass der Heilige Geist tatsächlich hier auf dieser Erde sei. Von daher ist das Weiterlesen nur für den interessant, der wirklich sucht, der den Mut hat, Glauben zu wagen. Er hat die beste Chance, Antwort zu bekommen.

Gleich vorweg: Der „Heilige Geist" ist kein diffuser Nebel, der den Menschen in eine milchige Suppe taucht. Das würde die persönliche Orientierungslosigkeit ja nur noch verstärken. Nein! Das Gegenteil ist der Fall.

Der „Heilige Geist" bringt Klarheit, Begreifen, Verstehen, Glauben. Er macht dem „menschlichen Herzen" Jesus bekannt (1) und erfüllt den, der Glauben wagt, mit Gottes Liebe, „denn Gott hat die Menschen so sehr geliebt, dass er seinen einzigen Sohn für sie hergab. Jeder, der an ihn (Jesus Christus) glaubt, wird nicht verloren gehen, sondern das ewige Leben haben". (2)

Der „Heilige Geist" ist Gott in Aktion. Durch die Ausgießung des „Heiligen Geistes" auf die Erde zu „Pfingsten" (3) ist eben dieser Geist Gottes in besonderer Weise präsent, weltweit, an jedem Ort und zu jeder Zeit. Und jeder Mensch ist Gott angenehm. Vor ihm gilt kein Ansehen der Person. (4)

Woher kommt der Heilige Geist? Wo war er vorher? Es gibt nur eine Antwort: Der Heilige Geist war schon immer da. Vor der Erschaffung der Erde. Die war damals „leer und ohne Leben, von Wassermassen bedeckt, Finsternis herrschte, aber über dem Wasser schwebte der Geist Gottes". (5)

Wie viel Gutes und Wunderbares hat Gott doch durch seine Gegenwart und durch die Macht seines Wortes geschaffen!

Sein Geist war gegenwärtig. Seine Gegenwart war die Kreativität in Person.

Und heute? Heute ist er immer noch da, um Gutes und Wunderbares für und durch den Menschen zu schaffen. Zum Beispiel die guten Früchte, die der Heilige Geist hervorbringen will: Liebe und Freude, Frieden und Geduld, Freundlichkeit, Güte und Treue, Besonnenheit und Selbstbeherrschung. (6) Vor allem aber Vergebung durch Jesus Christus! Die größte Gabe, die Gott den Menschen geschenkt hat. Gott teilt sich mit. Sein Geist ist es, der austeilt an den, der da sucht und anklopft, an den, der da bittet, weil er Hilfe braucht. Der möge doch bitten, dass der „Heilige Geist" ihn erfülle und durchdringe, dass Jesus Christus selbst das Leben in seine Hand nehme, damit es erneuert und verändert werde.

Man möge dabei bedenken: Der Geist Gottes wird sich niemals aufdrängen. Er lässt sich gern bitten – aber niemals zwingen oder gar organisieren! Persönlich sollte man an ihn herantreten!

Dann wird Gott erfahrbar. Ganz persönlich. Vielleicht weit über menschliches Verstehen hinaus.

Eines aber ist sicher: Gott greift ein. Er antwortet. Der „Heilige Geist" schafft Erneuerung und Veränderung zum Guten hin. Ob am Geist, an der Seele oder am Leib des Menschen. Gott ist souverän. Kann man das testen? Im Sinne von Neugier? Vielleicht!

Der Schöpfer Himmels und der Erde reagiert auch auf menschliche Neugier. Doch Neugier allein wäre zu wenig. Sie würde am Ende doch nur wieder in die Sackgasse führen, wenn sich nicht mehr daraus entwickelt.

(1) s.a. Joh. 15,26 (2) Joh. 3,16 (3) s.a. Apg. 2

(4) s.a. Röm. 2,11 (5) 1. Mos.1,2 (6) s.a. Gal. 5,22

3. Der Heilige Geist ist eine Kraft

Im Apostolischen Glaubensbekenntnis heißt es

im 1. Artikel: *Ich glaube an Gott, den Vater, den Allmächtigen, ...*

im 2. Artikel: *und an Jesus Christus, Gottes einzigen Sohn, unseren Herrn, ...*

im 3. Artikel: *Ich glaube an den Heiligen Geist, ...*

Ich glaube an Gott in drei verschiedenen Ausdrucksformen. Mein Glaube bezieht sich in diesem Bekenntnis auf den Vater, auf den Sohn und auf den Heiligen Geist.

Ein solcher Glaube erscheint mir nicht ganz einfach; denn ich muss mich dabei fragen: Was glaube ich von Gott, dem Vater? Was glaube ich von Gott, dem Sohn? Und was glaube ich von Gott, dem Heiligen Geist? Drei in einem und Einer in Dreien!

Vielleicht kann ich von Gott dem Vater glauben, dass er das Universum, die Erde mit allen Pflanzen und Tieren und auch mich geschaffen hat.

Oder ich kann von Gottes einzigem Sohn Jesus Christus glauben, dass er für meine Sünden gestorben ist. Und dass ich durch ihn aus Gnade zum ewigen Leben errettet worden bin. Doch was kann ich womöglich vom Heiligen Geist glauben? Wer ist er? Welche Bedeutung hat er für mich heute? In welcher persönlichen Beziehung darf ich eigentlich zu ihm stehen?

Gott, der Vater, das ist doch klar. Er ist der Vater. Gott, der Sohn, leuchtet auch ein. Er ist der Sohn. Und der Heilige Geist? Wie kann ich ihn verstehen? Wer ist er für mich?

Ist er für mich vielleicht doch eine diffuse, schwer begreifbare Kraft, die den „christlichen Motor" in Schwung hält? Kann man zu ihm eine persönliche Beziehung haben, ihn gar persönlich ansprechen, wie Gott, den Vater oder Gott, den Sohn?

Sind das nicht die Fragen, mit denen sich Menschen, die Gott suchen und an ihn glauben wollen, immer wieder auseinandersetzen müssen?

Ein Beispiel, mit denen man Kindern die Dreieinigkeit etwas anschaulicher zu machen versucht, hat mich einmal sehr bewegt:

Die Sonne als Ganzes kann man sich als Gott den Vater vorstellen. Groß und herrlich und doch so fern. Die Sonnenstrahlen, sie stellen einen Teil dieses Ganzen dar. Sie geben das Licht.

So ist auch Jesus Christus ein „menschlich sichtbar gewordener Teil Gottes", der uns ganz nahe gekommen ist. Ein Teil, der mit Gott immer eng verbunden ist zu jeder Zeit und in aller Ewigkeit. Jesus Christus ist das Licht dieser Welt. (1)

Die Wärme schließlich, die die Sonnenstrahlen von sich geben, könnte man mit dem Heiligen Geist vergleichen. Er hilft uns, damit wir an Jesus Christus glauben können. Er gibt die Kraft und den Beistand für die Nachfolge. Er ist spürbar nahe.

Alles ist untrennbar miteinander verbunden. Die Sonne, die Sonnenstrahlen und die Sonnenwärme. Sie gehören eng zusammen und sind doch individuell, jeder auf seine Art, unterschiedlich erfahrbar, genau wie der Vater, der Sohn und der Heilige Geist.

Die Auseinandersetzung mit der „Dreieinigkeit Gottes" führt bei vielen Christen immer wieder zu erheblichen inneren und auch äußeren Problemlagen, besonders dann, wenn es um die 3. Person Gottes geht, dem Heiligen Geist. Er wirft so viele Fragen auf. Da reicht das Beispiel mit der Sonne natürlich nicht. Es gibt so vieles, was durch den Heiligen Geist erfahren werden kann.

Kurz vor seiner „Himmelfahrt" hatte Jesus Christus seinen Jüngern angekündigt: „Ihr werdet Kraft empfangen, wenn der Heilige Geist auf euch gekommen ist." (2)

Die Erfahrung, Kraft durch den Heiligen Geist zu empfangen, war nur ein Teilaspekt der Erfahrungen, die die Menschen der Bibel mit dieser „Person Gottes" machten. Jesus erklärte seinen Jüngern damals, warum die Kraft des Heiligen Geistes in ihrem Leben notwendig war: „Ihr werdet meine Zeugen sein, sowohl in Jerusalem als auch in ganz Judäa und Samaria und bis an das Ende der Erde." (3)

Für besondere Aufgaben im Dienste Jesu braucht man besondere Kraft, Begleitung und Führung. Um „Gesandte an Christi statt" (4) sein zu können, braucht der Mensch den Heiligen Geist - ohne ihn kann er nichts tun. In diesem Zusammenhang steht auch das Wort Jesu: „Ich bin der Weinstock, ihr seid die Reben. Wer in mir bleibt und ich in ihm, der bringt viel Frucht; denn ohne mich könnt ihr nichts tun." (5)

Getrennt von Jesus Christus leben heißt, weder Verbindung zum Vater noch Verbindung zum Heiligen Geist zu haben.

Der Heilige Geist gibt Kraft - doch er ist viel mehr als nur eine Kraft. Er ist in seiner Ganzheit Person Gottes, die in vielfältiger und wunderbarer Weise von all den Menschen erfahren werden kann, die Jesus Christus als ihren Herrn und Erlöser angenommen haben.

(1) s.a. Joh. 8,12   (2) Apg. 1,8   (3) Apg.1,8

(4) 2. Kor. 5,20   (5) Joh.15,5

4. Der Heilige Geist ist eine Person

Jesus Christus ist durch die Kraft Gottes von den Toten auferstanden. (1) Allein diese Kraft war daran beteiligt, dass der riesige Stein vor seiner Grabkammer von einem Engel weggerollt werden konnte und dass die römischen Wachen vor dem Grab wie tot zu Boden stürzten und liegen blieben.

Die Auferstehungskraft Gottes war die Kraft des Heiligen Geistes. Gott ist Geist und er war schon bei der Erschaffung von Himmel und Erde zugegen. (2)

Da, wo es um ein durchgreifendes, oft spektakuläres Wirken und Eingreifen Gottes geht, ist der Geist Gottes da. „Der Herr ist der Geist; wo aber der Geist des Herrn ist, da ist Freiheit." (3)

Die Gegenwart des Geistes Gottes, wenn wir uns denn auf sie einlassen, schafft Freiheit und Befreiung. Das Wirken des Heiligen Geistes kann nicht gesteuert und organisiert werden. „Der Wind bläst, wo er will, und du hörst sein Sausen wohl; aber du weißt nicht, woher er kommt und wohin er fährt. So ist es bei jedem, der aus dem Geist geboren ist."(4) Die „geistliche Neugeburt" des Menschen kann nur durch den Heiligen Geist geschehen.

Manch ein Mensch, der schon eine Ahnung über die Realität Gottes hatte und dessen Leben durch Jesus Christus berührt worden war, der hat dann durch die Einflüsse dieser Welt oder durch die gutgemeinten Ratschläge seiner Mitmenschen das Wirken des Geistes Gottes entweder zur Lächerlichkeit herabgemindert oder als verderbliche Sektiererei verurteilt.

Die Kirchengeschichte ist voll von Missverständnissen dieser Art, wo sich in unzähligen Fällen Verbundenheit und Bruderschaft in Jesus Christus in ärgste Feindschaft, Verfolgung und Tod verwandelte.

Der Tod ist in der Tat über die Geschichte so vieler Menschen hinweggegangen. Doch der Geist Gottes war, ist und wird immer da sein. Gott ist unendlich und ewig und er tritt mit seiner Gnade und Güte an jeden Menschen heran; denn er möchte, dass „alle Menschen errettet werden und zur Erkenntnis der Wahrheit kommen." (5)

Der Heilige Geist hat auch die Kraft gegeben, dass Jesus zu seinem Vater gehen konnte. Jesus Christus kündigte seine „Himmelfahrt" (6) Maria von Magdala unmittelbar nach seiner Auferstehung ganz persönlich an: „Geh aber hin zu meinen Brüdern und sage ihnen: Ich fahre auf zu meinem Vater und zu eurem Vater, zu meinem Gott und zu eurem Gott." (7)

Wie sich die persönliche Beziehung zu einer Person gestalten kann, das wissen wir aus vielen täglichen Erfahrungen. Ehemänner und Ehefrauen pflegen persönliche Beziehungen über viele Jahre. Von der Bibel her wird die Ehe als die engste menschliche Bindung beschrieben.

Schüler besuchen gemeinsam über viele Jahre die gleiche Klasse. Am Arbeitsplatz ist man über einen langen Zeitraum immer wieder mit den gleichen Menschen zusammen. Freundschaften bilden sich und halten oft ein ganzes Leben - auch - wenn man sich zwischendurch mal aus den Augen verliert. Beziehungen gestalten sich immer aus dem Du und Ich heraus. Jede Beziehung hat ihr personales Gegenüber.

Die kleinste Einheit personaler Beziehung besteht daher immer aus mindestens zwei Personen. Auch Gott - unser Vater - ist eine personales Gegenüber und Jesus Christus - unser Herr - ist es ebenso und der Heilige Geist - er ist es auch.

Achten wir doch bitte darauf: Der Heilige Geist ist die erfahrbare personale Größe und Gegenwart Gottes hier und heute auf dieser Erde.

„Ich gehe zum Vater", (8) hatte Jesus seinen Jüngern angekündigt. Doch im gleichen Atemzuge verspricht er ihnen: „Ich bin bei euch alle Tage, bis an das Ende der Erde." (9)

Wie kann das denn zugehen? Wie passt das zusammen? Jesus geht - und - Jesus bleibt! Der Sohn Gottes hat diese Erde verlassen und ist zu seinem Vater emporgehoben worden. Dort hat er an der rechten Seite Gottes seinen Platz eingenommen (10) und von dort wird er wiederkommen, zu richten die „Lebenden und die Toten". (11)

Jesus, der Sohn Gottes, ist im Himmel, genau, wie Gott, der Vater. Und beide sind unmittelbar gegenwärtig auf dieser Erde durch den Heiligen Geist.

Durch den Heiligen Geist ist Jesus Christus alle Tage bei uns, bis er persönlich wiederkommen wird, so wie er die Erde verlassen hat. (12) Durch den Heiligen Geist, den Gott uns selbst gesandt hat, ist Jesu Versprechen wahr geworden: Er hat uns nicht als Waisen zurück gelassen, er ist zu uns gekommen. (13) Jesus Christus ist jetzt bei uns. Und das ist möglich durch den Heiligen Geist - an jedem Ort dieser Erde - und zu jeder Zeit.

Durch ihn ist mir auch mein himmlischer Vater ganz nahe gekommen und ich kann zu ihm sagen: „Lieber Vater!" (14) Der Heilige Geist besiegelt das Vater - Kind - Verhältnis. Er macht es lebendig und bewusst. Die Nähe Gottes ist spürbar.

„Weil ihr nun seine Kinder seid, schenkte euch Gott seinen Heiligen Geist, denselben Geist, den auch der Sohn hat. Deshalb dürft ihr jetzt im Gebet zu Gott sagen: Lieber Vater!." (15)

Gott ist nicht mehr der ferne Vater im Himmel, zu dem es so schwer fällt, Verbindung aufzunehmen. Sein Heiliger Geist ist nahe. Seine Liebe ist ganz nahe. Er ist unmittelbar und persönlich ansprechbar und erfahrbar. Der Heilige Geist ist eine Person. Er repräsentiert hier auf Erden den Vater und den Sohn. Gott, Jesus Christus und der Heilige Geist haben stets eine Einheit dargestellt, in der es niemals Missverständnisse, Fehler oder Zweifel gab.

Dieses wird schon im 1. Kapitel der Bibel deutlich. Hier sprach Gott: „Lasset uns Menschen machen, ein Bild, das uns gleich sei, die da herrschen über die Fische im Meer und über die Vögel unter dem Himmel und über das Vieh und über alle Tiere des Feldes und über alles Gewürm, das auf Erden kriecht." (16) An der Schaffung der ersten Menschen und an der ganzen Schöpfung waren Vater, Sohn und Heiliger Geist beteiligt. Und es war sehr gut. „Am Anfang war das ewige Wort Gottes: Christus. Immer war er bei Gott und ihm in allem gleich. Durch ihn wurde alles erschaffen. Nichts ist ohne ihn geschaffen worden. Von ihm kommt alles Leben, und sein Leben ist das Licht für alle Menschen."(17) Leben von Gott ist ohne die Gegenwart des Heiligen Geistes unmöglich.

So ist Jesus Christus auch nur durch die Unmittelbarkeit des Heiligen Geistes verstehbar und erfahrbar.

Die Herrschaft des Menschen auf dieser Erde stellt sich durch den Sündenfall (18) als ein deformiertes Abbild dessen dar, was Gott jemals für die „Krone seiner Schöpfung" gedacht hatte.

Der Mensch hat sich in seiner von Gott gegebenen Freiheit weit über den Willen seines Schöpfers erhoben. Noch immer lehnt er sich in vielfältiger Weise gegen ihn auf bis zum heutigen Tag.

Es gelingt dem Menschen nicht aus eigener Kraft, dem Willen Gottes auch nur annähernd zu entsprechen. Er braucht einen Beistand, einen Helfer, um den Plan des „Vaters" für sein Leben zu erkennen und danach zu handeln. Er braucht den Heiligen Geist.

Es ist so wichtig, dass die Gläubigen ihre Beziehung zum Heiligen Geist ernst nehmen. Der Heilige Geist möchte beachtet und geschätzt werden.

Nichts würde einem Christenleben mehr schaden als die mangelnde Beachtung und Wertschätzung des Heiligen Geistes. Die Beziehung zu ihm ist überlebenswichtig.

Viele Christen messen ihre Beziehung zum Heiligen Geist an den Auswirkungen, die der Heilige Geist an ihnen persönlich oder an anderen manifestiert. Eine wirkliche Beziehung hat ihre Stabilität jedoch nicht nur an Äußerlichkeiten festgemacht, sondern an der Entschiedenheit der Treue zueinander.

(1) s.a. Matth. 28,2-7   (2) s.a. 1. Mose 1,2

(3) 2. Kor. 3,17   (4) Joh. 3,8   (5) 1. Tim. 2,4

(6) Apg. 1,9   (7) Joh. 20,17   (8) Joh. 14,12

(9) Matth. 28,20   (10) s.a. Kol. 3,1   (11) 2. Tim. 4,1

(12) s.a. Apg. 1,11   (13) s.a. Joh.   14,18 (14)

s.a. Röm. 8,15   (15) Gal. 4,6   (16) 1. Mose 1,26

(17) Joh. 1,1-4   18) 1. Mose 3,1-6

5. Der Heilige Geist führt in alle Wahrheit

Viele Menschen sind dem Heiligen Geist gegenüber sehr misstrauisch. Manche fürchten sich vor ihm. Andere verspotten ihn und die ganz Harten sagen, er sei nicht der Geist von Gott, sondern der Geist Satans.

Sie verstehen einfach nicht die Wirkungen und Auswirkungen des Heiligen Geistes. Ihre Haltung ist von vornherein negativ geprägt, und sie machen sich nicht die Mühe, in der Schrift zu forschen, ob es sich denn so verhalte. (1)

Der Heilige Geist respektiert den freien Willen des Individuums. Er überwältigt niemals die Persönlichkeit eines Menschen. Da, wo seine Gegenwart abgelehnt wird, ist er betrübt.

Ein betrübter Mensch kann wenig für den anderen tun. Ein betrübter Heiliger Geist wird sich vielleicht zurückziehen oder zumindest passiv abwartend reagieren, weil er der Einzelperson nicht seine Hilfe und seinen Beistand aufzwingen will. Der Raum jedoch, der freigeworden ist, kann durch andere Mächte besetzt werden, die auf ihre Weise ein menschliches Leben prägen. Paulus warnt die Epheser: „Betrübt nicht den Heiligen Geist Gottes, mit dem ihr versiegelt seid für den Tag der Erlösung." (2)

Durch Bitterkeit, Wut und Zorn, Geschrei, Lästerung, und Bosheit wird man den Heiligen Geist sicherlich nicht begeistern. (3) Durch Unbelehrbarkeit und Ungehorsam widersetzt man sich dem Geist Gottes. (4) Die Wahrheit wird mit Füßen getreten.

Jesus Christus nimmt eine solche Haltung sehr ernst, und er warnt den Menschen davor, sich bewusst gegen den Heiligen Geist zu stellen oder gar gegen ihn zu lästern.

So lesen wir Jesu Worte im Markusevangelium: „Das will ich euch mit aller Deutlichkeit sagen: Jede Sünde und jede Gotteslästerung kann den Menschen vergeben werden. Wer aber den Heiligen Geist lästert, der wird niemals Vergebung finden; seine Sünde bleibt für immer bestehen." (5)

Jesus sagte dies zu den Pharisäern, weil sie die Werke, die Jesus durch den Heiligen Geist wirkte, dem Satan zuschrieben. (6)

Der Heilige Geist ist der Geist der Wahrheit, und er wird die Menschen, die aufrichtig an Jesus Christus glauben und ihm nachfolgen, in die ganze Wahrheit leiten. (7) Dazu bedarf es allerdings einer großen Offenheit und das Verlangen, den Heiligen Geist kennen lernen zu wollen.

Was ist denn die Wahrheit? Es gibt doch so viele Wahrheiten in dieser Welt und jede Religion oder Lehre beansprucht für sich die Wahrheit, der Weisheit letzter Schluss zu sein. Jesus sagt von sich als Person: Ich bin die „Wahrheit" (8), und „wer den Sohn bekennt, der hat auch den Vater". (9) Niemand kann von sich aus die Wahrheit erkennen. Der Heilige Geist beginnt in einem Menschen das Werk des Glaubens, damit er Jesus Christus und damit die Wahrheit erkennen kann. Selbst an diesem Punkt wird niemand gezwungen, weiter zu gehen als bis zu dieser Erkenntnis. Jesus sagt zu seinen Jüngern: „Wenn ihr mich erkannt habt, so werdet ihr auch meinen Vater erkennen". (10)

Wie viele Menschen haben diesen Augenblick nicht schon durchlebt: „Ja, es gibt einen Gott, der Himmel und Erde erschaffen hat und auch mich - und er allein kann mir meine Schuld vergeben - durch ihn allein werde ich leben jetzt und über den Tod hinaus - für immer. Gott ist mein Vater, er liebt mich!" Der Heilige Geist hat ihnen das Herz ganz weit aufgemacht und sie haben die Wahrheit erkannt. Doch sie haben die Wahrheit nicht in ihr Herz aufgenommen und der Moment der Erkenntnis ist an ihnen vorübergegangen, wie so vieles andere in ihrem Leben.

Der Heilige Geist ist da, um Jesus Christus zu verherrlichen (11); denn von Jesus wird er es nehmen, um es den Fragenden, den Suchenden und den Nachfolgenden zu verkündigen. Was der Heilige Geist in ein Menschenherz hineinlegt, das ist von Jesus, das verherrlicht den Sohn Gottes. In der Erfahrbarkeit des Heiligen Geistes erfährt der Mensch Jesus Christus. Damit wird Jesus zum „Anfänger und Vollender des Glaubens". (12) Doch den Glauben wagen, das muss der Mensch ganz persönlich. Da steht er völlig allein und niemand kann ihm die Entscheidung abnehmen.

Es ist ein kostbarer Moment, wo das Wagnis des Glaubens, wo die Wahrheit an einen Menschen herantritt wie eine Perle, die man in der Hand hält. Man weiß um ihre Kostbarkeit. Doch man kann sie ebenso gut fallen lassen und achtlos weitergehen. Jede Missachtung betrübt den Heiligen Geist. Im Alten Testament erkennt und bekennt der Prophet Jesaja die Gnadenerweise und Ruhmestaten, mit denen Gott seinem Volk von alters her unzählige Male begegnet war. Ebenso sieht er mit aller Klarheit, warum sein Volk trotzdem immer wieder in große Not und Bedrängnis gerät:

„Sie aber lehnten sich auf und beleidigten seinen Heiligen Geist. Darum wurde er ihr Feind und kämpfte gegen sie. Da erst dachten sie wieder an die früheren Zeiten, an Mose und sein Volk: Wo ist der Gott, der damals Israel durch das Meer führte mit Mose an der Spitze? Wo ist er, der sie mit seinem Heiligen Geist beschenkte? Wo ist der mächtige Gott, der Mose beistand?" (13)

Das Volk Israel erfuhr es so. Immer dann, wenn sie sich vom Herrn abwendeten und anderen Göttern dienten, ließ Gott es zu, dass feindliche Mächte den Platz einnahmen, den sie Gott hätten einräumen sollen.

Viele Menschen machen immer wieder Erfahrungen mit der Nähe Gottes. Seine Hilfe und sein Beistand sind nahe in der Stunde der Not. Und wenn die Not vorüber ist, dann sind ihnen die Dinge dieser Welt sehr schnell wieder so wichtig, dass sie mehr beachtet und geachtet werden als Gott. Das betrübt ihn.

So warnt der Apostel Paulus die Galater vor Hochmut und Selbstgefälligkeit: „Glaubt nur nicht, ihr könnt Gott irgendetwas vormachen! Ihr werdet genau das ernten, was ihr gesät habt. Wer nicht Gott, sondern sich selbst vertraut, den erwartet das ewige Verderben. Wer sich aber durch den Geist Gottes führen lässt, dem wird Gott das ewige Leben schenken". (14) Der Sohn Gottes selbst ist der Rettungsanker. (15) Jesus möchte die Heilung des Menschen an Geist, Seele und Leib und seine vollkommene Rettung. Er möchte nicht, dass die Menschen verloren gehen. Deshalb ist sein Ruf: „Kommet her zu mir, alle, die ihr mühselig und beladen seid. Ich will euch erquicken" (16) nach wie vor von unveränderter Aktualität.

Die „Innere Heilung" des Menschen, die letztendlich auch dem Körper wohl tut, ist das Werk des Heiligen Geistes. Er durchdringt alles; denn ER macht das Wort lebendig, das uns „in alle Wahrheit führt" (17) und „dem ganzen Leibe heilsam" (18) sein will, und wie bei jeder vollkommenen Heilung durchleidet der Mensch dabei manch schmerzvollen Prozess.

Doch am Ende ist der Mühselige und der Beladene frei, denn er hat die Wahrheit erkannt und die Wahrheit hat ihn befreit. (19)

(1) s.a. Apg. 17,11 (2) Eph. 4,30 (3) s.a. Eph. 4,31

(4) s.a. Apg. 7,51-54 (5) Mark. 3,28-29 (6) s.a. Matth.12,24

(7) s.a.Joh.16,13 (8) Joh. 14,6 (9) 1.Joh. 2,23 (10) Joh.14,7

(11) s.a. Joh.16,14 (12) Heb.12.2 (13) Jes. 63,10-13

(14) Gal. 6,7-8 (15) s.a. Heb. 6,19 (16) Matth. 11,28

(17) Joh. 16,13 (18) Spr. 4,20-22 (19) Joh. 8.32

6. Der Heilige Geist ist erkennbar

Die ersten Christen vermochten an dem Kommunikations-
verhalten ihrer Mitmenschen sehr wohl zu unterscheiden,
wer den Geist Gottes besaß oder wer sich als falscher
Prophet entlarvte. Es gab klare Kriterien, auf die der Apostel
Johannes in seinem Brief an die Gläubigen aufmerksam
machte:

„Meine lieben Freunde, glaubt nicht allen, die vorgeben, den
Geist zu besitzen! Prüft sie, um herauszufinden, ob ihr Geist
von Gott kommt. Denn diese Welt ist voll von falschen
Propheten. An folgendem Merkmal könnt ihr erkennen, ob
es sich um den Geist Gottes handelt: Jeder, der anerkennt,
dass Jesus Christus ein Mensch von Fleisch und Blut wurde,
hat den Geist Gottes. Jeder, der das abstreitet, hat nicht den
Geist Gottes, sondern den Geist des Christusfeindes. Ihr
habt gehört, dass dieser kommen soll, und er ist schon da.

Aber ihr gehört Gott, meine Kinder, und habt die falschen
Propheten besiegt. Der Geist, der in euch wirkt, ist
mächtiger als der Geist, der diese Welt regiert. Sie gehören
zur Welt und reden so, wie es die Welt versteht.

Deshalb hört die Welt auf sie. Aber wir sind Kinder Gottes.
Wer Gott kennt, hört auf uns. Wer nicht zu Gott gehört, hört
nicht auf uns. So können wir zwischen dem Geist der
Wahrheit und dem Geist des Irrtums unterscheiden." (1)
Eine Person, auf die man sich persönlich einlässt, will man
nicht nur oberflächlich kennen. Es bedarf schon einiger
konkreter Hinweise, die veranschaulichen, dass diese Person
es ehrlich meint, dass sie sich nicht verstellt und in
heuchlerischer oder gar böser Absicht Kontakt aufnehmen
will.

Der Heilige Geist ist eine erkennbare Persönlichkeit. In erster Linie ist ihm daran gelegen, Jesus in seiner Bedeutung groß, herrlich und begreifbar den Menschen vor Augen zu führen. Mit anderen Worten: Der Heilige Geist schafft es in mir, dass ich Jesus Christus erkenne und damit auch den Vater. Der Vater ist es schließlich, von dem der Heilige Geist kommt.

Mit dem Heiligen Geist verkündigt der Vater Jesus, seinen Sohn und gleichzeitig verstehen wir den Vater. Jesus sagt selbst: „Alles, was der Vater hat, das ist mein. Darum habe ich gesagt: Er wird's von dem Meinen nehmen und euch verkündigen." (2) Und weiter sagt er: „Wer mich sieht, der sieht den Vater." (3) „Und was ihr bitten werdet in meinem Namen, das werde ich tun, damit der Vater verherrlicht werde im Sohn." (4)

Es kann einem Menschen in seinem Leben nichts Besseres passieren, als Jesus Christus zu erkennen. Wenn Gott einen Namen hat, dann ist es der Name Jesus. „Es ist in keinem anderen das Heil; denn auch kein anderer Name unter dem Himmel ist den Menschen gegeben, in dem wir gerettet werden müssen." (5)

Darum konnte Jesus auch in dem Bewusstsein seiner bevorstehenden Kreuzigung beten: „Vater, verherrliche deinen Namen! Da kam eine Stimme vom Himmel: Ich habe ihn verherrlicht und will ihn abermals verherrlichen." (6) Gott redete durch seinen Heiligen Geist vom Himmel herab. Die Verherrlichung Gottes wurde an dem Namen und an der Person Jesus vollzogen. „Niemand kann Jesus den Herrn nennen außer durch den Heiligen Geist." (7)

Wenn der Name Jesus lebendig wird im Denken und Fühlen eines Menschen, dann soll er zugreifen. Dann ist der Heilige Geist da, um ihn die Wahrheit erkennen zu lassen. Er erfährt Jesus im Heiligen Geist. „Der Herr aber ist der Geist; wo aber der Geist des Herrn ist, ist Freiheit."(8) Zur Freiheit in Christus ist der Mensch befreit! (9) Das ist sein von Gott angebotenes Schicksal.

(1) 1.Joh. 4,1-6 (2) Joh. 16,15 (3) Joh. 14,9 (4) Joh.14,13

(5) Apg.4,12 (6) Joh. 12.28 (7) 1.Kor. 12,3 (8) 2.Kor. 3,17

(9) s.a. Gal. 5,1

7. Der Heilige Geist gibt geistliche Gaben

Der Heilige Geist gibt geistliche Gaben, die nicht zu verwechseln sind mit den natürlichen Gaben, die ein jeder Mensch von Gott erhalten hat. Die Gaben des Heiligen Geistes haben einen engen Bezug zur Wirksamkeit Jesu auf dieser Erde. Bevor der Mensch „geistliche Gaben" erhält, bedarf es der Erfahrung der „neuen Schöpfung" (1) in Jesus Christus. Die Menschen, die Jesus Christus im Glauben in ihr Leben aufgenommen haben, erfahren das Recht, Kinder Gottes zu sein. (2)

So hat die Kindschaft in Gott nicht etwas mit einer formalen Handlung oder traditionellen Grundeinstellung zu tun, sondern mit der ganz persönlichen Entscheidung der Einzelperson, welche unabhängig vom Alter, der sozialen Herkunft oder der momentanen Lebenssituation getroffen werden kann. Jetzt und heute kann der entscheidungsfähige Mensch sagen: „Herr Jesus Christus, vergib mir meine Schuld und nimm mein Leben ganz in deine Hand. Ich will dir gehören und dir nachfolgen. Bitte hilf mir!"

Selbst den Fragenden, den Zweifler und den noch Ungläubigen holt Gott bei einem solchen Gebet ab. Und hier erweist sich der Heilige Geist als der wirklich wahre und wirksame Helfer. Er ist es nämlich, der eine solche Entscheidung bestätigt und bekräftigt. Gleich einem Paulus legt er dem noch zaghaft Bittenden die Gewissheit ins Herz: „Weder Tod noch Leben, weder Engel noch Dämonen, weder Gegenwärtiges noch Zukünftiges, noch irgendwelche Gewalten, weder Himmel noch Hölle oder sonst irgend Etwas können uns von der Liebe Gottes trennen, die er uns in Jesus Christus, unserem Herrn, bewiesen hat." (3) Hierin wird Gottes Gnade wirksam erfahrbar.

Sie ist ein Geschenk. Und diesem Geschenk ist nichts mehr hinzuzufügen. Man kann es nur annehmen – oder ablehnen. Jesus Christus ist die größte Gabe, die Gott den Menschen anbietet.

Über dieses Gnadengeschenk hinaus gibt der Heilige Geist „besondere geistliche Gaben" denen, die Gott in der christlichen Gemeinde oder in der Mission dienen wollen, damit die „Gemeinde Jesu aufgebaut und vollendet werden kann. Wenn das geschieht, werden wir im Glauben immer mehr eins werden und Jesus Christus, den Sohn Gottes, immer besser kennen lernen.

Wir sollen zu mündigen Christen heranreifen, zu einer Gemeinde, in der Christus mit der ganzen Fülle seiner Gaben wirken kann." (4) Die geistlichen Gaben werden an vielen Stellen der Bibel immer wieder genannt.

Johannes der Täufer ließ einmal bei Jesus Christus anfragen: „Bist du wirklich der Retter, der kommen soll, oder müssen wir auf einen andern warten? Jesus antwortete: Geht zu Johannes zurück und erzählt ihm, was ihr miterlebt habt: Blinde sehen, Gelähmte gehen, Leprakranke werden geheilt, Taube hören, Tote werden wieder lebendig, und den Armen wird die frohe Botschaft verkündet. Sagt ihm außerdem: Glücklich ist jeder, der nicht an mir zweifelt." (5)

Jesus war es während seiner Zeit auf der Erde wichtig, den Jüngern deutlich zu machen, dass Gott ein übernatürlicher Gott ist, der Wunder wirkt und dass diese Wunder durch die Kraft des Heiligen Geistes (auch heute noch) durch jeden Jünger Jesu wirksam werden können.

So ruft er kurz vor seiner „Himmelfahrt" seinen Jüngern zu: „Die Glaubenden werde ich durch folgende Zeichen bestätigen: In meinem Namen werden sie Dämonen austreiben und in neuen Sprachen reden. Gefährliche Schlangen und tödliches Gift werden ihnen nicht schaden. Den Kranken werden sie die Hände auflegen und sie heilen." (6)

Bevor er schließlich ganz vor ihren Augen verschwand, erklärte er ihnen noch, wodurch dieses geschehen wird: „Ihr werdet den Heiligen Geist empfangen und durch seine Kraft meine Zeugen sein in Jerusalem und Judäa, in Samarien und auf der ganzen Erde." (7)

Zu „Pfingsten" kam der Heilige Geist in Kraft und Vollmacht über die Jünger in Jerusalem. „So wurden sie alle mit dem Heiligen Geist erfüllt, und sie redeten in fremden Sprachen; denn der Geist hatte ihnen diese Fähigkeit gegeben." (8)

Der Apostel Petrus gibt in seiner „Pfingstpredigt" einen Ausblick auf das, was den Menschen, die mit Gott zu tun haben wollen, durch den Heiligen Geist geschenkt werden kann.

Er zitiert den Propheten Joel, was dieser einige hundert Jahre vor Jesu Geburt schon längst vorausgesagt hatte: „In den letzten Tagen, spricht Gott, will ich alle Menschen mit meinem Geist erfüllen. Eure Söhne und Töchter werden aus göttlicher Eingebung reden, eure jungen Männer werden Visionen haben und die alten Männer bedeutungsvolle Träume. Allen Männern und Frauen, die mir dienen, will ich meinen Geist geben, und sie werden in meinem Auftrag reden." (9)

Die Wirksamkeit des Heiligen Geistes ist auch heute ungebrochen. Er ist der Helfer, der Tröster und Beistand der Gemeinde. Besonders auch durch die geistlichen Gaben, die er gibt.

„Wie auch immer sich die Gaben des Heiligen Geistes bei jedem einzelnen von euch zeigen, sie sind zum Nutzen der ganzen Gemeinde bestimmt. Dem einen schenkt er im rechten Moment das richtige Wort. Ein anderer kann durch den Heiligen Geist den Willen Gottes klar erkennen. Wieder anderen schenkt Gott durch seinen Geist unerschütterlich Glaubenskraft und dem nächsten die Gabe, Kranke zu heilen. Manchem ist es gegeben, Wunder zu wirken. Einige sprechen aus, was Gott ihnen zeigt oder sagt; andere erkennen, was es bedeutet und aus welchem Geist gesprochen wird. Einige beten in anderen Sprachen, und manche schließlich können dieses Gebet für die Gemeinde auslegen. Dies alles bewirkt ein und derselbe Geist. Und so empfängt jeder die Gabe, die Gott ihm zugedacht hat." (10)

(1) 2.Kor. 5,17 (2) s.a. Joh.1,12 (3) Röm. 8,38 u. 39

(4) Eph. 4,12 u.13 (5) Matth. 11,3-6 (6) Mark. 16,17.18

(7) Apg.1,8 (8) Apg. 2,4 (9) Apg. 2,17 (10) 1.Kor. 12,7-11

8. Die Vielfalt des Heiligen Geistes

Gott ist der Geber aller guter Gaben. Besonders die Menschen, die Glauben wagen und Christen geworden sind, haben Zugang zu diesen Gaben bis zur Wiederkunft Jesu.

In der Unmittelbarkeit des Herrn ist der Gabendienst für den Bau der Gemeinde nicht mehr aktuell. Dann sind der „Leib" (die Gemeinde) und das „Haupt" (Jesus Christus) durch den Geist Gottes miteinander für alle Zeit vereinigt worden.

So schreibt der Apostel Paulus an die Thessalonicher: „Denn das sagen wir euch mit einem Wort des Herrn, dass wir, die wir leben und übrigbleiben bis zur Ankunft des Herrn, denen nicht zuvorkommen werden, die entschlafen sind. Denn er selbst, der Herr, wird, wenn der Befehl ertönt, wenn die Stimme des Erzengels und die Posaune Gottes erschallen, herabkommen vom Himmel, und zuerst werden die Toten, die in Christus gestorben sind, auferstehen. Danach werden wir, die wir leben und übrigbleiben, zugleich mit ihnen entrückt werden auf den Wolken in die Luft, dem Herrn entgegen; und so werden wir bei dem Herrn sein alle Zeit." (1)

Dieses gewaltige Geschehen kann natürlich nur durch die Kraft des Heiligen Geistes bewirkt werden. Darüber war sich der Apostel Paulus völlig im Klaren. Somit schreibt er an die Römer: „Wenn nun der Geist dessen, der Jesus von den Toten auferweckt hat, in euch wohnt, so wird er, der Christus von den Toten auferweckt hat, auch eure sterblichen Leiber lebendig machen durch seinen Geist, der in euch wohnt." (2)

Wer sich mit dem Heiligen Geist auseinandersetzt, muss wissen, dass die Kraft, die den Sohn Gottes in Maria gezeugt hat, auch dieselbe Kraft ist, die Jesus Christus von den Toten auferweckt und ihn in den Himmel emporgehoben hat (Himmelfahrt).

Die Kraft des Heiligen Geistes wird, wie der Apostel Paulus es vorhersagt, einmal die schon entschlafenen und die noch lebenden Gläubigen dem wiederkommenden Jesus Christus in der Luft entgegen rücken, damit sie alle Zeit, ewig lebend mit ihm zusammen sein können.

Es ist derselbe Heilige Geist, der in den Menschen wohnt, die am Sohn Gottes gläubig geworden sind. Die heutige Erfahrbarkeit des Heiligen Geistes schließt den persönlichen Glauben des einzelnen Menschen an Jesus Christus nicht aus.

Wer den Erlöser Jesus Christus ablehnt, der lehnt gleichermaßen den Geist Gottes ab. Der Zugang zu ihm oder besser der Empfang des Heiligen Geistes bleibt ihm verwehrt. Es ist eben nur der Heilige Geist, der unserem Geist Zeugnis gibt, „dass wir Kinder Gottes sind". (3) „Niemand kann Jesus den Herrn nennen außer durch den Heiligen Geist." (4)

Die Manifestationen der Kraftwirkungen des Heiligen Geistes sind auch heute noch erfahrbar, so wie die Bibel es beschreibt. Darum ist der Geist Gottes der wichtigste Begleiter der Gläubigen in der Gemeinde Jesu Christi.

Er stärkt uns, das „Böse mit dem Gutem" zu überwinden. (5) Er hilft uns, das vorgesteckte Ziel, „den Siegespreis der himmlischen Berufung Gottes in Christus Jesus" zu erreichen. (6)

Er bewirkt es, dass wir für Gott in neuen Zungen im Geist „von Geheimnissen reden". Dabei „erbaut" uns der Heilige Geist. (7)

Sollten uns einmal mächtige „Gedankengebäude" beherrschen, die unsere Seele und unseren Geist belasten, so verleiht der Heilige Geist die Kraft und die Autorität, diese „Gedankengebäude" zu zerstören und „alles menschliche Denken gefangen zu nehmen, um es Jesus Christus zu unterstellen. (8)

Er ist derselbe Geist, der auch Ämter austeilt, durch die den Gläubigen in der Gemeinde gedient wird. (9) Ämter in der Gemeinde sind nicht die Positionen, durch die der „wiedergeborene Christ" herrscht.

Es sind Gnadengaben im Dienst der Gemeinde, die durch Jesus Christus und durch die Wirksamkeit des Heiligen Geistes den Gläubigen anvertraut worden sind.

So gibt es ganz unterschiedliche „Dienstgaben" des Heiligen Geistes: „Einige hat er beauftragt, Gemeinden zu gründen, einige reden in Gottes ausdrücklichem Auftrag, und andere gewinnen Menschen für Christus. Wieder andere leiten die Gemeinde oder unterrichten sie in Gottes Wort. Sie alle sollen die Christen für ihren Dienst ausrüsten, damit die Gemeinde Jesus aufgebaut und vollendet werden kann. Wenn das geschieht, werden wir im Glauben immer mehr eins werden und Jesus Christus, den Sohn Gottes, immer besser kennen lernen. Wir sollen zu mündigen Christen heranreifen, zu einer Gemeinde, in der Christus mit der ganzen Fülle seiner Gaben wirken kann." (10)

Die Gemeinde Jesu braucht die Vielfalt und Kreativität des Heiligen Geistes. Hierin möchte der Geist Gottes nicht nur Beachtung finden und sich den Gläubigen mitteilen, sondern er wünscht eine enge Beziehung, damit durch seine Gegenwart „die Gnade unseres Herrn Jesus Christus und die Liebe Gottes" (11) praktisch erfahrbar wird. Der Heilige Geist ist es, der durch Menschen seine Gemeinde baut und sie ganz nahe bei Jesus halten möchte. In dem allen ist der Heilige Geist auch dann noch ein Beistand, wenn der Nachfolger Jesu versagt in seiner Schwachheit und er nicht mehr weiß, wie er beten soll. Dann vertritt uns „der Geist selbst" vor Gott und unserem Herrn Jesus Christus mit „unaussprechlichem Seufzen". (12)

Er selbst sorgt sich darum, das das Siegel, durch das wir unbeschadet die Ewigkeit bei Gott erreichen sollen, keinen Schaden nimmt. „Gott selbst hat unser und euer Leben auf ein festes Fundament gestellt und uns in seinen Dienst gerufen. Er drückte uns sein Siegel auf, wir sind sein Eigentum geworden, und er hat uns seinen Heiligen Geist gegeben. Damit haben wir die Garantie von Gott, dass er uns noch viel mehr schenken will." (13)

(1) 1.Thess. 4,15-17 (2) Röm. 8,11 (3) Röm. 8,16 (4) 1.Kor. 12,3 (5) s.a. Röm. 12,21 (6) s.a. Phil. 3,14 (7) s.a. 1.Kor. 14,2.4 (8) s.a. 2.Kor.10,3-5 (9) s.a. Röm. 12,7 (10) Eph. 4,11-13 (11) 2.Kor. 13,13 (12) s.a. Röm. 8,26 (13) 2.Kor. 1,21-22

9. Der Heilige Geist ist Anteil am himmlischen Erbe

Der Heilige Geist ist der Geist der Liebe; denn „Gott ist Liebe" (1) „Gott hat die Menschen so sehr geliebt, dass er seinen einzigen Sohn für sie hergab. Jeder, der an ihn glaubt, wird nicht verloren gehen, sondern das ewige Leben haben." (2)

Wenn der Heilige Geist in einem Menschen anfängt zu wirken, dann begreift dieser Mensch etwas von der Liebe Gottes. Der Name *Jesus* ist ihm nicht mehr nur eine leere Worthülse, sondern ein Name voller Kraft und Dynamik.

Der Heilige Geist stellt den Zusammenhang zwischen Gott dem Vater und Jesus dem Sohn her. Ein tiefes Verstehen ergreift den menschlichen Geist bis hinein in seine Seele. Gott ist plötzlich keine Bedrohung mehr. Gott wird zum liebenden Vater, der seinen Sohn gegeben hat, damit wir leben. Jetzt und in Ewigkeit. Und wir können ihn wieder-lieben.

„Wir lieben, weil er uns zuerst geliebt hat." (3) „Und wir haben erkannt und geglaubt die Liebe, die Gott zu uns hat. Gott ist Liebe, und wer in der Liebe bleibt, bleibt in Gott und Gott in ihm." (4)

Erkennen, glauben, verstehen, lieben; all das sind Wir-kungen des Heiligen Geistes in der Absicht, dass der Vater in dem Sohn verherrlicht wird - und dass wir schließlich selbst in dieser Liebe handeln und bleiben. Sie hält uns in Gott. Wir können nicht aus eigener Kraft Gott lieben und ihm treu bleiben. Wir benötigen dafür den Beistand des Heiligen Geistes.

„Hieran erkennen wir, dass wir in ihm bleiben und er in uns, dass er uns von seinem Geist gegeben hat." (5)

Liebe aus eigener Kraft, das ist nicht zu schaffen - weder zu Gott noch zu unserem Nächsten hin. Liebe ist nicht teilbar. Sie ist ein wechselseitiges Geschehen, das sich auf verschiedenen Ebenen vollzieht. „Wenn jemand sagt: Ich liebe Gott, und hasst seinen Bruder, ist er ein Lügner. Denn wer seinen Bruder nicht liebt, den er gesehen hat, kann nicht Gott lieben, den er nicht gesehen hat." (6)

Göttliche Liebe hat ihr eigenes Wesen. Sie übersteigt allen menschlichen Verstand und alle Vernunft. Das umfassende Wesen göttlicher Liebe ist für den Menschen einfach nicht begreifbar in einem intellektuellen Sinne. Sie muss mit dem Herzen ergriffen werden - auch vom intellektuell geprägten Menschen.

Oft ist es gerade der Intellekt, der es dem Menschen so schwer macht, in der Einfachheit und Schlichtheit des Herzens Gottes Liebe zu ergreifen. Gottes Liebe setzt andere Maßstäbe.

Deshalb konnte auch der Apostel Paulus, der durchaus ein vielseitig studierter Mensch gewesen war, an die Korinther schreiben:

„Macht euch doch nichts vor! Wenn sich jemand einbildet, in dieser Welt besonders klug und weise zu sein, der muss den Mut aufbringen, als töricht zu gelten. Nur dann wird er wirklich weise. Denn alle Weisheit dieser Welt ist in den Augen Gottes nichts als Torheit." (7)

Jesus Christus dankte seinem Vater dafür, dass es gerade die Unmündigen und Hilflosen dieser Welt sind, die die Wahrheit erkennen: „Mein Vater, Herr über Himmel und Erde, ich danke dir, dass du die Wahrheit vor denen verbirgst, die sich für klug halten; aber den Unwissenden hast du sie enthüllt." (8)

Durch Jesus Christus erfahren wir, dass Gott Liebe ist und im Heiligen Geist ist das umfassende Wesen göttlicher Liebe gegenwärtig. Er allein vermag es uns ins Herz zu legen, dass der Opfertod Jesu am Kreuz nicht ein grausames Ränkespiel des allmächtigen Gottes war, sondern der größte Liebesbeweis, den Gott dem verlorenen Menschen entgegenbringen konnte.

Ein wenig lässt sich das Wesen dieser umfassenden Liebe erahnen im ersten Brief an die Korinther, wo der Apostel Paulus die Gläubigen in Korinth ermutigt, dieser Liebe nachzueifern:

„Die Liebe ist langmütig, die Liebe ist gütig; sie neidet nicht, die Liebe tut nicht groß, sie bläht sich nicht auf, sie benimmt sich nicht unanständig, sie sucht nicht das Ihre, sie lässt sich nicht erbittern. Sie rechnet das Böse nicht zu, sie freut sich nicht über die Ungerechtigkeit, sondern sie freut sich mit der Wahrheit, sie erträgt alles, sie glaubt alles, sie hofft alles, sie erduldet alles." (9)

Am Kreuz auf dem Hügel Golgatha vor den Toren Jerusalems hat Jesus Christus es erduldet, dass die „Sünde der Welt" (10) auf ihn gelegt wurde, damit der verlorene Mensch wieder Zugang zu Gott dem Vater bekommt.

„Christus ist für alle Menschen am Kreuz gestorben, damit wir alle Frieden mit Gott haben. In seinem neuen Leib, der Gemeinde Christi, können wir nun als Versöhnte miteinander leben. Christus ist gekommen, und hat seine Friedensbotschaft allen gebracht, die fern von Gott lebten, und allen, die nahe bei ihm waren. Durch Christus dürfen jetzt alle, Juden wie Heiden, vereint in einem Geist, zu Gott dem Vater, kommen." (11)

Im Heiligen Geist erfahren wir die umfassende Liebe, die Gott uns Menschen durch seinen Sohn geschenkt hat. „Diesen Heiligen Geist hat Gott uns als ersten Anteil am himmlischen Erbe gegeben, das wir bekommen sollen. Er verbürgt uns das vollständige Erbe, die vollkommene Erlösung, die wir noch erhalten. Und dann werden wir Gott in seiner Herrlichkeit loben und preisen." (12)

(1) 1.Joh. 4,16 (2) Joh. 3,16 (3) 1.Joh. 4,19

(4) 1.Joh, 4.16 (5)1.Joh. 4,13 (6) 1.Joh. 4,20

(7) 1.Kor. 3,18-19 (8) Matth. 11,25 (9) 1.Kor.13,4-7

(10) Joh.1,29 (11) Eph.2,16-18 (12) Eph.1,14

10. Das Feuer des Heiligen Geistes

Das „Feuer des Heiligen Geistes" (1) hat in der Tat einen „Flächenbrand" bewirkt, der bis heute anhält. Es ist dabei geblieben. Da sind junge Männer und Frauen. Menschen jeden Alters, die sich der Kraft des Heiligen Geistes anvertrauen. Diesem Helfer, Tröster und Beistand. Die Jesu Zeugen sind. „In Jerusalem und in ganz Judäa, in Samarien und bis ans äußerste Ende der Erde." (2)

Hatte nicht Jesus selbst zu seinen Jüngern gesagt: „Ich bin gekommen, ein Feuer anzuzünden; was wollte ich lieber, als dass es schon brennte." (3) Das war vor seiner Kreuzigung, Auferstehung und Himmelfahrt.

Die geistliche Obrigkeit damals (und vielleicht auch noch heute) hat sich schwer getan mit den Auswirkungen und Kraftwirkungen dieses Feuers zurechtzukommen.

Nicht allzu selten kämpfte sie den „guten Kampf" eines Saulus, der mit Drohen und Morden gegen die Jünger des Herrn schnaubte und im Auftrag des Hohenpriesters nach Damaskus unterwegs war, um nach „Anhängern des neuen Glaubens zu suchen und sie gefangen nach Jerusalem zu bringen, Männer wie Frauen." (4)

Jesus musste dem Saulus erst in ganz übernatürlicher Weise begegnen, damit aus dem Saulus ein Paulus wurde; denn „als er aber auf dem Wege war und in die Nähe von Damaskus kam, umleuchtete ihn plötzlich ein Licht vom Himmel; und er fiel auf die Erde und hörte eine Stimme, die sprach zu ihm: Saul, Saul, was verfolgst du mich? Er aber sprach: Herr, wer bist du? Der sprach: Ich bin Jesus, den du verfolgst." (5)

Die Kirchengeschichte ist voll von Unverständnis und Hass gegenüber den Menschen, denen der Heilige Geist über das „traditionell erlaubte Maß" hinaus begegnete oder auch noch begegnet.

Der Heilige Geist setzt Kraftwirkungen frei und gibt Einblicke in die „übernatürliche Welt" Gottes. Wie anders ist es dann zu verstehen als sich ein Stephanus vor dem „Hohen Rat", also vor der geistlichen Autorität damals, für seine Christusnachfolge verantworten musste.

Er war ein Mann voll Gnade und Kraft, der Wunder und Zeichen unter dem Volk tat. Die Menschen, die gegen ihn waren, vermochten seiner Weisheit und dem Geist, in dem er redete, nicht zu widerstehen. (6)

Stephanus predigte den Zuhörern im „Hohen Rat" ihre eigene Geschichte, die Geschichte des Volkes Israels, die trotz allen menschlichen Versagens immer wieder von der Nähe Gottes und seinem Eingreifen geprägt war. Als er am Ende seiner Ausführungen ihnen zuruft: „Ihr Halsstarrigen, mit verstockten Herzen und tauben Ohren, ihr widerstrebt alle Zeit dem Heiligen Geist, wie eure Väter, so auch ihr", (7) da gerieten sie in Wut, und sie knirschten mit den Zähnen.

„Stephanus aber blickte zum Himmel empor, vom Geist Gottes erfüllt. Dort sah er Gott in seiner Herrlichkeit und Jesus an seiner rechten Seite und rief: Ich sehe den Himmel offen, und an der rechten Seite Gottes steht der Menschensohn! Als sie das hörten, schrien sie laut und hielten sich die Ohren zu. Alle miteinander stürzten sich auf ihn und schleppten ihn vor die Stadt, um ihn zu steinigen." (7a)

„Die Zeugen legten ihre Oberkleider vor einem jungen Mann namens Saulus ab, damit er sie bewachte. Während sie ihn steinigten, betete Stephanus: Herr, nimm meinen Geist auf! Dann kniete er nieder und rief laut: Herr, strafe sie nicht für diese Schuld! Mit diesen Worten verstarb er. Saulus aber war völlig einverstanden mit dieser Hinrichtung. An diesem Tag begann für die Christen in Jerusalem eine harte Verfolgung." (8)

Bis heute, gut zweitausend Jahre danach, konnten die „Pforten der Hölle" (Matth.16,18) die Gemeinde Jesu nicht überwinden. Und das wird auch so bleiben.

(1) Apg. 2,3-4 (2) Apg. 1,8 (3) Luk.12,49 (4) Apg. 9,1.2(5) Apg. 9,3-5 (6) s.a. Apg. 6,8.10 (7) Apg. 7,51 (7a) Apg. 7,55-58) (8) Apg. 7,55-60 u. Apg. 8,1

11. Bittet, so wird euch gegeben!

Wer an Gott, den Vater und an Gott, den Sohn glaubt, der kommt an Gott, dem Heiligen Geist nicht vorbei! Jesus Christus ermutigt die Menschen, um den Heiligen Geist zu bitten.

Im Kapitel 11 des Lukasevangeliums erteilt er seinen Jüngern eine Lektion über das Beten.

Nachdem er ihnen als ein sehr persönliches Gebet das „Vaterunser" vorangestellt hat, fordert er sie auf, Gott um den Heiligen Geist zu bitten. „Dann wird doch der Vater im Himmel erst recht denen seinen Heiligen Geist geben, die ihn darum bitten." (1)

Im Namen Jesu dürfen wir Gott um den Heiligen Geist bitten (2), und Gott wird ihn uns im Namen seines Sohnes senden. (3)

Nur wer bittet, der empfängt! (4)

Welches Menschenleben könnte reicher werden als durch den, der die „Fülle" hat (5) im diesseitigen wie im jenseitigen Leben?

Möge „die Gnade unseres Herrn Jesus Christus, die Liebe Gottes und die Gemeinschaft des Heiligen Geistes euer Leben bestimmen." (6)

(1) Luk. 11,13 (2) s.a. Joh. 14,13 u. 14 (3) s.a. Joh. 14,26

(4) s.a. Matth. 7,8 (5) s.a. Joh. 1,16 (6) 2.Kor. 13,13

12. Gottes Kraft in den Schwachen!

Der Apostel Paulus hatte ein Problem, das einfach nicht von ihm weichen wollte. Eine Schwachheit, die nicht von ihm genommen wurde. Gott aber tröstet und ermutigt ihn: „Lass dir an meiner Gnade genügen; denn meine Kraft ist in den Schwachen mächtig!" (1)

Daraufhin beschließt er in seiner ganz persönlichen Lebenssituation, sich am allerliebsten seiner Schwachheit zu rühmen, „damit die Kraft Christi" (2) bei ihm wohne. Und so fährt er fort: „Darum bin ich guten Mutes in Schwachheit, in Misshandlungen, in Nöten, in Verfolgungen und Ängsten, um Christi willen; denn wenn ich schwach bin, so bin ich stark." (3)

Menschliche Stärke orientiert sich an den Leistungs-merkmalen dieser Welt. Reichtum, Macht, Besitz, Erfolg, Karriere scheinen diese Welt zu beherrschen.

Gottes Stärke ist jedoch nicht abhängig von den Ausdrucksformen weltlicher Macht. Diese Dinge sind immer nur zeitlich begrenzt. Sie werden vergehen und sich in Bedeutungslosigkeit auflösen. Jedem Menschen sind biologische Grenzen gesetzt. Es ist dem Menschen bestimmt „einmal zu sterben, danach aber das Gericht." (4)

Gott, der Vater weiß um die Begrenztheit und Verlorenheit des menschlichen Seins. Deshalb hat er seinen Sohn gegeben, damit alle, die an ihn glauben, nicht verloren gehen, sondern das ewige Leben haben. (5) Gott, der Sohn ist für den Menschen zur Brücke zu Gott, dem Vater geworden. Eine Brücke, die er ohne Schuld und Verdamm-nis überschreiten kann.

Jesus Christus ist somit für alle Menschen zum Hoffnungsträger des Lebens diesseits und jenseits der Zeit geworden.

Der Glaube an den Sohn Gottes schließt die Tür zum Vaterherzen auf. Deshalb kann Jesus Christus von sich sagen: „Ich bin die Tür; wenn jemand durch mich hineingeht, so wird er errettet werden." (6)

Gott hat durch seinen Sohn Jesus Christus den Weg der Errettung offenbart. Die Entscheidung, diesen Weg zu beschreiten, bleibt dem Menschen ganz persönlich selbst überlassen.

Es ist jedem Menschen freigestellt, sobald die Erkenntnis über diesen Weg sein Leben berührt, ihn auch zu beschreiten. Die Engel Gottes werden sich freuen über jeden Schritt in die Nachfolge Jesu (7) und Gott der Vater selbst ist daran interessiert, „dass alle Menschen gerettet werden und seine Wahrheit erkennen." (8)

Die persönliche Entscheidung, Glauben an Gott, den Vater durch Gott, den Sohn zu wagen, ist ein spektakuläres, umfassendes und einmaliges Geschehen. Durch eigenen Beschluss öffnet sich dem menschlichen Wesen die jenseitige Welt Gottes. Er wird die Erfahrung machen, dass Gott auf Gebet antwortet und dass sein Leben sich in einer positiven Weise verändert.

Die erfahrbare Kommunikation mit Gott wird seine Beziehung zu den Mitmenschen von Grund auf erneuern. Der innere Mensch wird zu einer „neuen Kreatur". (9) In seinem äußeren Dasein wird sich die „neue Schöpfung" widerspiegeln.

An dieser Stelle kommt es vielleicht wiederum zu den bereits gestellten Fragen. Wer gibt die Kraft, Jesus Christus nachzufolgen? Wer ermutigt trotz einer Welt voller Probleme am Glauben festzuhalten? Wer bewirkt die Veränderungen im Menschen, die ihn als eine „neue Kreatur", eine „neue Schöpfung" darstellen?

Immerhin muss sich ja der Christ mit der Tatsache abfinden, dass Jesus Christus zum Vater in den Himmel gehoben worden ist, obwohl er versprochen hatte: „Ich bin bei euch alle Tage bis an der Welt Ende." (10)

Doch gerade weil Jesus Christus zum Vater gegangen ist, wurde der Weg frei für einen Beistand, der jeden Tag hilfreich dem Glaubenden zur Verfügung steht.

So ruft Jesus seinen Jüngern zu: „Ich werde meinen Vater bitten, und er wird euch einen anderen Beistand geben, dass er bei euch sei in Ewigkeit, den Geist der Wahrheit, den die Welt nicht empfangen kann, weil sie ihn nicht sieht noch ihn kennt. Ihr kennt ihn, denn er bleibt bei euch und wird in euch sein. Ich werde euch nicht verwaist zurücklassen, ich komme zu euch." (11)

Der Geist der Wahrheit, der heute und bis in Ewigkeit den an Jesus Christus Gläubigen beistehen will, das ist der Heilige Geist. Dieser Heilige Geist kam nach der Himmelfahrt Jesu in besonderer Weise zu Pfingsten über seine Jünger. (12).

Jesus Christus war ihnen wiedergegeben worden durch den Heiligen Geist, der heute überall auf der Welt empfangen werden kann. Von daher leben die Menschen heute in einem Zeitalter des Heiligen Geistes.

Er ist die ausführende Persönlichkeit der Anliegen und Absichten Gott, des Vaters und Gott, des Sohnes hier auf dieser Erde.

Durch Gott den Heiligen Geist ist Jesus Christus seinen Nachfolgern alle Zeit und überall auf dieser Erde präsent. Er umgibt den Glaubenden und er wohnt in ihm.

Wissen die Christen in der heutigen Zeit, was es bedeutet, diesen Fürsprecher, Beistand, Helfer und Tröster an der Seite zu haben? Durch Gott, den Heiligen Geist ist Gott, der Sohn und Gott, der Vater unmittelbar erfahrbar.

So, wie mit Gott, dem Vater und Gott, dem Sohn das Gespräch aufzunehmen ist, so gibt es keinen Grund, Gott, dem Heiligen Geist die persönliche Ansprache zu verweigern.

Wie es möglich ist zu sagen: „Lieber Vater im Himmel!" oder „Lieber Herr Jesus!" muss es auch möglich sein, den Geist Gottes mit „Lieber Heiliger Geist!" anzusprechen.

Ja, der Heilige Geist ist ansprechbar. Man kann, ja - man soll viel mit ihm kommunizieren, genauso viel wie mit dem Vater und dem Sohn, damit ihm die persönlichen Anliegen bekannt werden, und er den Gläubigen helfen, beistehen und sie in alle Wahrheit führen kann. Er wird ihnen „alle Schätze der Weisheit und der Erkenntnis" (13), die in Jesus Christus verborgen sind, kund tun.

Ein Mensch, den man sehr persönlich kennt, der aber nicht beachtet wird, mit dem man die Kommunikation abgebrochen hat, der wird sich betrübt zurückziehen.

So kann auch der Heilige Geist in seiner Persönlichkeit betrübt werden. Darum ruft Paulus den Ephesern zu: „Betrübt nicht den Heiligen Geist Gottes, mit dem ihr versiegelt seid für den Tag der Erlösung." (14) Den Aposteln war es stets ein wichtiges Anliegen, dass die Gläubigen in den Gemeinden eine gute Beziehung zum Heiligen Geist pflegten, dass sie die Gemeinschaft zu ihm suchten. Sie wussten um die Bedeutung und um die Realität des Heiligen Geistes. Der Heilige Geist ist so real, dass man sich ihm auch verweigern kann. So schreibt der Apostel Paulus an die Thessalonicher: „Den Geist löscht nicht aus!" (15) Offenbar können Christen den Geist in seiner Wirksamkeit für ihre persönliche Nachfolge auslöschen. Ein gefährliches Unterfangen.

Jesus Christus spricht im Zusammenhang mit seiner Wiederkunft von fünf törichten und von fünf klugen Jungfrauen. Die einen haben genug Öl in ihren Lampen, den anderen fehlt es. Sie hielten nur noch das „Symbol ihrer Gemeindezugehörigkeit" in den Händen. Das Öl in den Lampen war nicht mehr vorhanden und sie verzichteten darauf, neues Öl mitzunehmen.

Das Öl ist in diesem Gleichnis ein Bild auf den Heiligen Geist. Durch den fehlenden Heiligen Geist wird den törichten Jungfrauen der Zugang zu dem wiedergekommenen Herrn verschlossen. Auch ihr Bitten half ihnen nicht. Jesus Christus sprach zu ihnen: „Wahrlich, ich sage euch, ich kenne euch nicht." (16) Es ist unbedingt wichtig, dass die Christen der heutigen Zeit ihren Beziehungsmangel zum Heiligen Geist beenden, dass sie anfangen, neu die Gemeinschaft zu Gott, dem Heiligen Geist zu suchen und sich durch ihn führen, helfen, stärken und trösten lassen, damit der Vater und der Sohn verherrlicht werde.

Ehrliche Gemeinschaft zu einer Person orientiert sich niemals an äußeren Bildern, Ereignissen oder Gerüchten, die einem zu Ohren kommen, sondern sie sucht unvoreingenommen, die Person, von der man weiß, dass auch sie sich nach Gemeinschaft sehnt.

Deshalb kann sich am Ende die persönliche Beziehung auch nur an den Erfahrungen orientieren, die diese „dritte Person" des dreieinigen Gottes in einem Menschenleben ganz unmittelbar wirkt. Wir müssen uns nicht fürchten und traurig sein.

Jesus Christus hat die Gläubigen nicht verlassen. Er wirkt durch den Heiligen Geist an und in ihnen. Darum ermutigt er seine Jünger: „ Der Tröster, der Heilige Geist, den mein Vater euch senden wird in meinem Namen, der wird euch alles lehren und euch an alles erinnern, was ich euch gesagt habe." (17)

Die Aktualität und Bedeutung des Heiligen Geistes hat sich seit Beginn der Schöpfung nicht geändert. Gott, der Heilige Geist gibt die nötige Kraft zur Nachfolge, um das Ziel zu erreichen. Jesus Christus ist das Ziel! Durch menschliches Vermögen ist das nicht zu schaffen.

So ruft der Prophet Sacharia dem Volke Gottes zu: „Es soll nicht durch Heer oder Kraft, sondern durch meinen Geist geschehen, spricht der Herr Zebaoth."(18) Gott sucht Menschen, die sich seinem Heiligen Geist öffnen oder die ihn wieder neu suchen. Nachfolger Jesu, die um ihre Begrenztheit und um ihren Mangel an menschlicher Kraft sehr wohl wissen und die sich danach sehnen, Gottes Kraft und Beistand für ihren Lebensweg zu erfahren, damit sie Gott und ihrem Nächsten dienen können.

Sie werden nicht enttäuscht werden; denn Gott garantiert ihnen: „Meine Kraft ist in den Schwachen mächtig!" (19) Erfahre es: Jetzt und heute!

(1) 2.Kor. 12,9 (2) 2.Kor. 12,9 (3) 2.Kor. 12,10 (4) Heb. 9,27(5) s.a. Joh. 3,16 (6) Joh. 10,9 (7) s.a.Luk. 15,10 (8) 1.Tim. 2,4(9) 2.Kor. 5,17 (10) Matth. 28,20 (11) Joh. 14.16-18 (12) s.a. Apg. 2,2-4 (13) Kol. 2,3 (14) Eph. 4,30 (15) 1.Thess. 5,19(16) Matth. 25,12 (17) Joh. 14,26 (18) Sach. 4,6 (19) 2.Kor. 12,9

13. Eine persönliche Erfahrung

Die Erfüllung mit dem Heiligen Geist ist eine persönliche Erfahrung. So, wie es dem einzelnen Menschen nicht erspart bleibt, eine Entscheidung für Jesus Christus zu treffen, so liegt es auch an ihm, Gott um die Erfüllung mit dem Heiligen Geist zu bitten.

Was in der Bibel als die Erfüllung oder die Taufe mit dem Heiligen Geist beschrieben wird, das ist eine ganz individuelle erfahrbare Angelegenheit. (1)

Genau das wollte ich wenige Wochen nach meiner Bekehrung, meiner Umkehr zu Gott, auch erleben. Von der Bibel her war mir schon klar, dass Gott souverän handelt. Entweder geschieht die Erfüllung mit dem Heiligen Geist wie in der Apostelgeschichte 2,4, indem Gott unmittelbar seinen Geist in mein Leben gibt, oder ein Christ legt mir die Hände auf und betet. Der Heilige Geist erfüllt mich daraufhin, wie es mit den Christen in Ephesus geschah. (s.a. Apg. 19,6)

Es waren jedoch noch gewisse Vorbehalte da. Deshalb wollte ich gerne die Erfüllung mit dem Geist Gottes ohne das formale Handeln und ohne die Anwesenheit anderer Christen erfahren. Schließlich war ich mir immer noch nicht ganz sicher, ob das Reden in neuen Zungen tatsächlich eine von Gott durch den Heiligen Geist gegebene Gabe war.

Natürlich hatte sich diese Gabe bei den Aposteln zu Pfingsten artikuliert und die Erfüllung mit dem Heiligen Geist hörbar unterstrichen.

Meinem Verlangen nach mehr von Gott stand jedoch immer noch ein gewisses Unbehagen gegenüber, das durch die Fremdartigkeit des von mir gehörten Zungenredens, also das Reden in anderen Sprachen, bei anderen Christen herrührte.

So war mein Gebet dann auch an einem sehr frühen Morgen allein im Wohnzimmer unseres Hauses noch sehr vorsichtig formuliert: „Lieber himmlischer Vater, wenn dieses Zungenreden wirklich mit dir zu tun hat, dann erfülle mich jetzt mit deinem Heiligen Geist um Jesu willen. Doch nur dann. Wenn es nicht von dir ist, dann möchte ich auf gar keinen Fall in dieser fremden Sprache reden können."

Nach diesem Gebet war es still. In mir und um mich herum. Ich lauschte und wartete. Hatte der Heilige Geist mich wirklich erfüllt? Dann müsste ich ja jetzt in neuen Zungen sprechen können. Ich wartete, mehrere Minuten lang. Die Stille blieb. Doch bei diesem Hineinhören in die Stille war mir tief in meinem Herzen klar, dass Gott mich ganz sicher mit seinem Heiligen Geist erfüllt hatte. Nur das Sprechen nahm er mir nicht ab.

Mutig formte ich ein paar Laute. Sie gehörten nicht zu der Sprache, in der ich aufgewachsen war. Es klang schon ein wenig komisch. Doch die Laute formten sich zu Worten mit Höhen und Tiefen und ganz eigenen Akzenten. Ich wurde mutiger. Nach einiger Zeit sprach ich in ganzen Sätzen. Eine Sprache, die ich selbst nicht verstehen konnte.

Vielleicht eine Sprache, die irgendwann einmal existiert hat oder die doch noch irgendwo auf der Welt praktiziert wird. Oder war es gar eine Sprache, die man einem himmlischen Wesen zuordnen musste?

Etwas Neues war geschehen. Eine neue Erfahrung in meinem noch so kurzen Glaubensleben. Es war aufregend und schön zugleich.

Ich durfte den Glauben haben, Gott in einer Sprache anzubeten, in der Worte und Inhalte vorkamen, die sehr wichtig waren, deren Sinn ich jedoch unmittelbar nicht verstehen konnte. Der Heilige Geist betete durch meinen Geist zu Gott. Ich war derjenige, der das Gebet oder den Lobpreis formulierte und laut werden ließ. Verstehen konnte nur Gott. Kein Mensch. Kein Teufel. Ich war der Sender und Gott der Empfänger. Je mehr ich Gott in meiner neuen Sprache anbetete, umso mehr freute ich mich. Aller Zweifel und alles Misstrauen waren verflogen. Die Worte flossen wie ein lebendiger Quell über meine Lippen, als wollte er niemals mehr versiegen. Ach hätt' ich tausend Zungen...

Diese persönliche Erfahrung wurde mir in der Nachfolge Jesu immer wieder zu einer Erfahrung, die ich niemals mehr missen möchte. Die neue Sprache erfrischte und erbaute mich auch dann noch, wenn mir überhaupt nicht zum Beten zumute war und sie half mir, den Abstand zu Gott, den ich in den Krisensituationen meines Lebens empfand, zu minimieren.

Zungenrede ist nicht die einzige Gabe des Heiligen Geistes. Er teilt noch viele andere wunderbare Gaben aus, um in der Gemeinde oder in der Welt den Menschen zu dienen. Ich glaube persönlich, dass die Gabe der Zungenrede mein Beten reicher gemacht hat, damit ich im Gespräch bleibe mit Jesus Christus meinem Herrn und Erlöser. Er allein kann mich zu Ziel bringen.

(1) s.a. Matth. 3,11; Apg. 1,5; Apg. 2,4; Apg.19,6

14. Segen und Gebet

„Der Friede Gottes, der höher ist als alle Vernunft, bewahre eure Herzen und Sinne in Christus Jesus." (1)

„Die Gnade unseres Herrn Jesus Christus und die Liebe Gottes und die Gemeinschaft des Heiligen Geistes sei mit euch allen!" (2)

„Herr Jesus Christus, bislang habe ich mein Leben selbst bestimmt. Ich habe nicht an Dich geglaubt und getrennt von Dir gelebt. Vergib mir meine Schuld und komm' jetzt in mein Leben. Nimm es in Deine Hand und führe mich auf rechter Straße um Deines Namens Willen. Danke, dass ich von diesem Augenblick an Dir gehöre und dass mich niemand aus Deiner Hand reißen kann.

Danke, dass Du für mich sorgen wirst

in guten wie in bösen Tagen. Du wirst

mich umgeben von allen Seiten.

Danke, dass Du mir ewiges Leben schenkst

und Deine Liebe mich immer tragen wird.

Erfülle mich jetzt mit dem Heiligen Geist vom

Vater im Himmel und schenke mir die sichere

Gewissheit des Glaubens an Gott den Vater, den

Sohn und den Heiligen Geist."

<<Amen>>

(1) Phil. 4,7 (2) 2.Kor. 13,13

15. Literaturverzeichnis

1. Scofield Bibel. Revidierte Elberfelder Übersetzung
   R. Brockhaus Verlag. Wuppertal und Zürich. 1992.

2. Die Bibel. Nach der Übersetzung Martin Luthers.
   Deutsche Bibelgesellschaft. Stuttgart. 1985.

3. Hoffnung für alle. Die Bibel. Brunnen-Verlag
   (Hrsg.). Basel und Gießen. 1996.

4. Hans Steubig (Hrsg.): Bekenntnisse der Kirche.
   Bekenntnistexte aus zwanzig Jahrhunderten.
   Verlag Brockhaus. Wuppertal 1985.

Autorenvita

Heinz Pahl wurde 1946 in Rendsburg geboren. Nach Abschluss der Schule absolvierte er eine Maurerlehre. Als Soldat und Offizier blieb er danach acht Jahre bei der Bundeswehr. In dieser Zeit heiratete er und wohnte zunächst mit seiner Familie in München. In Kiel studierte er Sonderpädagogik und arbeitete anschließend als Lehrer. Zwischenzeitlich zog er mit seiner Familie nach Dänemark, um hier zwei Jahre an den Vorlesungen auf dem Apostolic Bible College teilzunehmen. Heinz Pahl gehört zur dänischen Minderheit in Schleswig-Holstein und lebt heute in Niedersachsen.

Notizen

Notizen

Notizen